LEGGO DE PEN

Frederick Williams

AKIRA PRESS
LONDON

First published in Great Britain 1985
by Akira Press
PO BOX 409
London E2 7EU
Photoset and printed in Great Britain by
Redwood Burn Limited
Trowbridge, Wiltshire
All rights reserved
© 1985 by Frederick Williams

British Library Cataloguing in Publication Data

Williams, Frederick, *1947 –*
Leggo De Pen.—(Akira Press poetry series)
I. Title
811   PR9265.9.W5

ISBN 0–947638–07–5

CONTENTS

DANCE FOR LIFE

Dance your dance of grief
Dance a sigh of relief

Dance and prance
Your leaps and hops
Get in a trance
And float in the rhythm
In your dance of life of love

Dance a dance to show
That beating didn't kill
And now you have the will
To rise – rise – rise
To the top of the hill

Dance you wizzard dancer
Dance with the harmony of gravity
Move with the tunes the electrons play
Rise to please the creator
And let mortals make their choice

Dance Soul – Dance Mind
Dance war – Dance peace
Dance reality

Dance sheer serenity
Set your own pace
Dance for yourself for your race
Defy death, and dance for life

FEEL THE VIBRATIONS

You in your small corner
An I in mine
Each time your lights flicker
Mine flickers too
Yet the silence is predominant
No one will spell out why
Although life until they die
It's just the vibs, the vibs

I know it's the vibs
The almighty vibs, the eternal vibs
Multiple minute spiritual particles
Perpetually creating lights, sounds
Creating – Creation

When you speak you beat the drum
In my ear expressing a fear
Of fusing your circuits
Confusion – Confusion
Slow down you are moving too fast
You've got to make each moment last
Harmonize with nature
And realise the relevance of your timing
To find peace with the universal mind
Feel the vibs
Reveal the vibs, Dance it, Run it
Understand the vibs, Speak it, Sing it
Live the vibs as the vibs live with you

GRANDPA'S LAST ORDER

Draw dat brush cross me face deh bouy
Don't rush, just teck yu time
Jus ease yuh han meck de brush glide ova
De wrinkles, all the bumps an lickle pimples
Hold yuh pallet straight, don't meck it shake
Fe mix up yuh colours –

Put a few lickle flowers sida mi
show dem how mi can relax
A dont hav fe tax mi self
Fe look really at ease
Please dont feget mi few grey hair
An 'ow mi cut mi ten in mi rockin chair

I think yuh could put few ah de gran pickney
Roun mi, an keep de wife Pictha
Sam place behind mi head
Although ah six year since she dead
Mi cant leave her out

Dont add nottin, dont take away
Meck everyting stay de sameway
While me sleep, sleep, sle….e…..p.

BREDDA BOGLE SEH

Not long ago
A met de spirit of a man
A Jamaican man
som call 'im Rev
Som call 'im Pastor
Som call 'im Deacon
Most people know 'im as **Paul Bogle**

We talk bout everyting
Culture and Babylon
Religion and Revolution

'Im seh fe tell onoo seh
Preserving our culture will be our salvation
'Im seh dont stop singing de old song dem
"Jackass wid 'im long tail
Bag a mango coming dung
Jackass wid 'im long tail
Bag a mango coming dung
Noh ride 'im, noh hackle 'im
Noh meck ginge fly tickle 'im
Jackass wid 'im long tail
Bag a breadfruit coming dung"

Bredda Bogle seh fe tell onoo seh
Fe keep de race pure
Both body and mind
Meck sure yu dont leave noh body in limbo
Or else wen liberation com
Onoo wont know who is who

De bredda seh fe tell onoo seh
Babylon a use recycled Ganja
Fe drive de young people insane
An fe all de pain weh we suffer already
We cant meck it happen agen, so war against it
An if onoo hav fe smoke dont smoke
De herbs weh dem tampa wid
Burn good weed an study yu history
Any branch weh no hav link wid
De Roots is a dead branch

Deacon seh fe sing
"Wat a woo wicked people
Wat a woo
Wat a woo, wicked people
Wat a woo
For de eartquake com waan yu
De lightenin an tunda, brimstone an fire
Dont forget to raise hell
To free you an wats yours"

Deacon Bogle seh fe tell parents
Seh, wen yu tell de pickney dem
Stories, dont tell dem fairy tales
Tell dem bout de facts of de past
Tell dem bout de facts of de present
Tell dem de truth
Strenghten de youths

Rev Bogle seh fe tell de Preacher dem seh
Dem fe open dem eyes
Get up off dem knees
An join wid dem breddas in a fight
If dem tink dem noh hav notin fe fight for
Dem meck a sad mistake
for if de oppressor dont ketch dem in de mornin
De hans of de clans
Will try fe snatch dem in de nite

Many years may pass
But don't forget yu fightin spirit
For de day yu loose it
Dats de day yu choose to die
An if yu noh hav no long gun
If yu noh hav no revolver
Keep yu machate right by yu bed sah
An meck dem com
So yu can sen dem to dem grave
Meck em com
Mi seh meck dem com

BABYLON A TURN THE SCREW

Babylon a turn de screw
Man a feel pressure
Som tun to stealin
Som start feelin
Fe run back a yawd
Som seh pressure deh deh too
Babylon is Babylon is Babylon
Here there and everywhere
Turning de screw, confusing
You and you and you

An when yu here pon de shout
Madness, Madness, Madness

Babylon a turn de screw
Papa get de sack
No wok, no pay
An dole money no nuff
Mama a feel de shack
We hav fe stap eat meat
No good shoes pon we feet
An winter a come

An wen yu here pon de shout
Madness, Madness, Madness

Babylon a turn de screw
Three ah we left school, no wok
No wok, no pay
An dole money no nuff
Big sista a breed
Bway fren nah wok
Big bredda tun to weed
Bad weed meck im feel dizzy

An wen yu here pon de shout
Madness, Madness, Madness

Babylon a tun de screw
De snatcher jus snatching, snatching
Bills piling up, here there an everywhere
De youths jus watching, watching
Yearning, yearning, learning de hard way
Pressure reach de peak

An wen yu hear pon de shout
Madness, Madness, Madness

A PRESSURE REACH DEM

Bouy mi goh outa road dis maunin'
Mi an mi bredren
An mi se somtin' 'appen mi feel it
So till watah drop outa mi eye
Gues weh me se, wan black man a pick up butt

Mi seh a weh de rass a gwaan yah
A soh tings bad, dat black man
Com clear a Englan
Com a pick up butt

Mi bredren seh a presha reach 'im
Man a presha reach 'im

For dat is a man weh mi know
From back a yawd
'Im hav ole heap a lan
'Im hav cow, mule, 'im even
Use to ride 'orse go a 'im grung

Englan mash yu up yu know
An it a mash up black people too
De street weh dem seh pave wid gold
Pave wid sou-soh daag shit
De mother lan' tun graveyawd

Young, young bouy weh mi use
To se a goh a college, tun idle
Tun wuklis, tun tramp a Britain

A presha reach 'im yu know
A presha reach 'im

Mi seh to mi bredren seh
A weh we a goh do
'Im seh a ongle Jah know

Mi se som ole black people retire
From wok, dem nevah earn enoff fe save
An dem caan manage pon dem penshan
Desperate need dem helpless
Dem sidung in doors in de cold
In de dark, hungry, sufferin from aggrophobia

A presha reach dem yu know
A presha reach dem

Young pickney dem, wid burnin ambition
No assistance, no direction
De negative overtakin de positive
Stagnation in de brain, de reflexes slow dun
Wi will hav fe shake up dis place
To stop de death of our race

Dont meck de presha reach dem yu know
Dont meck de presha reach dem

SPASMODIC DEPRESHAN

Dem no know fe mi sorrow
Dem no know fe me pain
Dem no know mi sorrow
Dem no know mi pain

All wen babylon a bus mi ass
Jus becaus' mi no do weh dem sa

Dem no know fe mi sorrow
Dem no know fe me pain
Dem no know mi sorrow
Dem no know mi pain

Onle Jah know
Weh mi feel yu know man
For wen pain grab mi in mi callah
An wen mi halah
Pain lash mi cross mi face
Blood splash all ova de place

An wen mi ball **mercy – mercy**
Pain seh too late, too late
Mercy gone home
Pain seh too late, too late
Judgement com

Pain – Pain mi yu se sah
Pain – Pain mi yu se sah
It wus de pain in mi ass
Dat nearly caus' mi, mi life
De trouble an de strife
Weh pain gi mi

Som' tim' wen mi se pain a com'
Mi panic, don't touch mi pain
Don't touch mi pain
Am electric an a gwine
Shock yu outa mi head
'Till yu dead

Yesterday morn-in
Som' hours before dorn-in
Pain rapped pon mi door
A jump cross de floor an open up
A seh yu been here before
Nung yu com' back agen
Ongle Jah know
How mi feel yu know man
'Cause pain sa 'im nah
Go weh wid empty han'

So no man knows mi sorrow
Dem no know fe me pain
Dem no know mi sorrow
Dem no know mi pain.

DONT MECK DEM BADDAH YUH

Keep yuh cool, dont be no fool
Protect yuh soul, till yuh reach yuh goal
An dont meck noh baddy baddah yuh

All de presha weh dem a pile up on wi
Dem jus a plan fe wi fe worry wi head
So dem caan sen wi ina mad house
Fe goh stay till wi dead
Soh dont meck dem baddah yuh

All wen dem want fe adopt de attitude
Of mi caan ketch quaqu me ketch im shut
Dont back off wen yuh in de right
Stand up an fight, tell dem fe goh
Fly kite an dont meck dem baddah yuh

Bouy a walk pon street
A mine mi owna business
Babylon snatch de youth detain im fe nuttin'
You can bet de reason
Dem dont inform im parents
A becaus dem want dem fe fret an panic
But mi not doin dat
'Cause mi know its a plot
So mi naw meck dem baddah mi

Get outa me life yuh metal brain
Yun want fe giv me strife an strain

Get thee hence yuh Zombie
Yuh musi tink seh mi ah kunku pickney

Galong go stone breeze
An gwaan a sea go count sand
Let me be a free man

Guh weh – Yuh a duppy
Mi a duppy conquoer
Now dapa neri de pon yuh
Gwine meck yuh mother morn fe yuh

Mi nah meck dem baddah mi yuh know sah
Mi nah meck dem baddah mi.

ANGER

Huffing and puffing
Moving at me
Such build up likened to that
Of a mighty hurricane

It's growing, growing
Higher, higher, louder

It's above me now, and beneath
Oh it's encircling me now

The end is nigh
I screamed and cried
This is it, today I'll die

Suddenly I felt no fear
I totally merged
With my immediate surroundings
My reflexes seized up
My mind were closed

I felt tear running
Down my face into my mouth
The taste slightly salty but nice
My tongue spontaneously
At full stretch reached for more

A bomb exploded
To excite my reflexes to freedom
The mind regained consciousness
To inform me that I would not die
It was only at test to assess
My reaction to extreme
ANGER

STORM

Wen storm com
Storm noh form de fool
Im jus huff an jus puss puff
An she jus flatten every ting

Warna Marie pass trough an a warn
Beware – Beware, distruction is near
Rain – Lightenin – Tunda
Wind and rain floods upon floods
River ah goh com dung bank to bank

Nail up yuh winda an yuh doors
Lock up yuh cow, goat, horse,
Pigs, foul, donkey and mule
De wise wi listen to dis warnin
De fool wi wate till its too late

Wen storm com
Storm rip off sheet ah zinc
Off ah smaddy house
Zinc fly an chap mi in mi head
For mi one little two room wattle an dawb
Gone ah sea

Wen storm com
Tables tun – right, left, up side dung
Twist – bend – bruck up in pieces
Storm blow dung house, kill ratta, kill mouse
Banana tree blown dung
Coconut tree, breadfruit tree
Mango tree, blown dung

De grung covah wid green mango
Ripe mango, young mango
Whole heep a fruits well washed
Som broken, som mashed

Wen storm com
Who use to have, noh have noh more
Who nevah have got too much
Whole heep a ave am, ave am noh want am
Whole ah want am, want am caan get am

Friends – neighbours – an relations
Ah run from yard to yard
From districk to districk
Fe se if everyone arite
Is de sam ting I wus doin
In de middle ah de nite
Wen zinc fly an mi nearly loose mi head

Wen storm com
Gully com dung bank to bank
Calbut caan teck watah
Watah wash ova eena road
Yuh haffe good fe cross de ford

Wen storm com
Storm noh fear no foe
Storm jus give woe
For Warna Marie did com warn
Bout de lightenin an tunda
Brimstone and Fire
Wat ah woe

Storm wreck car, truck, bus
Storm bruck dung bridge an buildin
Weh no even dun meck
Storm teck up house lan it pon river
House tun boat

Mi noh like wen storm com
Storm play havok pon man, woman and chile
An wile all dat ah gwaan
Nuff baby a bawn
Dem name dem storm babies
Janet, David, Betsy

Storm completely re-arrange de environment
Den de Government
Handin out provision
Of second an third hand clothin
Little milk, little flour, rice, sugar
Piece of cheese fe tease yu appetite
Little kerosene oil fe light de nite
An de fight to survive
Jus change gear in de eight month of de year

Storm skips ova rivers an dances o'er de seas
Dippin an risin, dippin an risin
Leavin behin a pitch black horror show on lan
An man wen day light
I taught I wus havin a dream
Lastin ten long nites
Den de sun cam up
An de prayers went up
Tankin Jah for bein' alive

Compare storm to a Yankee invasion if yuh like

But Darlin' wen your love came
T'was just like a storm

ME MEMBA WEN
When I walk the streets of these
foreign lands

When I walk the streets of these foreign lands,
And see the ways in which our people are suffering,
Loneliness, disillusionment, frustration,
Then I take a close look at myself,
Walking through the fire,
And just barely getting singed,
Naturally the mind runs back
Bringing back memories from back-a-yard.

Bwoy, ova yah China man
Talk pash name like shrimp, prawn, king prawn,
Me memba one day we ketch a whole basket a janga,
Me eat so til me have kalic.

Ova yah if you na work or a get dole money
Yu dead fe hungry,
But back a yard we have mango fe stone dog,
Beefy, blackie, velvet, hairy, bombay, julie,
Eastindian, terpentine, aden,
We have ginep, cane, june plum, starapple,
Roseapple, pineapple, custard apple,
All different kind a apple.
We have coconut, peanut, cashew nut, cashew fruit,
We have banana, guava, ole heap of fruit nature provides.

Dem de place de come een like paradise
Compare to dis yah barrin place yah,
Ina winter, it so cold
An mek yu miserable,
Ina summer, de tree dem green
But na bear nuttin fe eat.

Me memba how life use to be full of fun,
Games galore, chebby, hide and find, dog and bone,
Mother and father, annancy story, riddle,
We no have time fe feel fed up,
We use to set up chokie, pringe, sling shot, calaban,
All kind a ways we use to tink fe ketch birds,
White belly, white wings, ball plate, barble dove,

24

Blue quit, ground dove, janchewy, woodpecker, beeny;
Dem beeny dem smart,
Dem always have a wasp nest near
Fe dem nest as guard,
Have yu heard de story bout beeny bud and wasp?

Me memba wen we use to go dun a de poco church,
Bwoy, de man dem use to beat de drum
An jump poco revival sweet,
Wen dem start sing dis ya song yah!

"Read de 89 Psalm, read de 89 Psalm,
De 24 verse, Deuteronomy 10 & 14,
Read Matthew 5 & 17,
Revelation 19 & 10,
Read Amos 1st, de second and de 7
Peters 1 & 21,
De prophecy tell us to learn dem,
To learn dem, to learn dem,
De prophecy tell us to learn dem, and
Keep dem in our minds."

Me memba wen dem hav nine night,
We get fry fish and fry flitas,
And hard doh bread, chocolate or coffee or tea,
Yu hear man call some tune from dem Sankey,
Som a sing, "com we go dun a Manuwell Road
Gal and bowy fe go bruck rock stone",
An, "Uncle Rufus sen me dung a river side,
Fe go hear dem sing
Dem can't sing at all, de reason why
Dem want more rum",
Bwoy dem days de use to be sweet.

Me memba wen we use to be ena 4H Club a school,
We use to get bees, pigs, rabbit, fowl, goat,
An all dem tings de fe look after.
One day, more dan all
We a look after de bees, so we tek out
Som honey fe eat,

One a dem bwoy no mek sure im
Smoke off all de bees,
Im bite de honey comb wid bees pon de
De bees bite im ina im mout
Im bawl out **WOH, WOH,** mi mout, mi mout
An spit out de whole a it.

Wen we go all a wood bush, we roast
Breadfruit an eat wid pear,
We eat guava, tinken toe, jimbilin,
Sweet cup, custard apple,
So till de whole a dem clide me,
We have sweet sap, sour sap, sweep cup,
Grapefruit, jackfruit, tambarind,
Den we boil jackfruit seed ina black pan.
Bwoy dem de days use to be sweet.

Bwoy, me memba wen we use to go draw boat,
We hav dumplin an ackee an salfish galore,
Some a de dumplin dem use to be so big
We call dem Cog or Cart weel.
Den wen man belly full,
Some a back, some a front
Pon rope, boat ina middle, yu hear de shell from
Miles away, an wen we want everybody fe full
De same way, we chant.

"One, one, one, me ninny man Ohoo!!!
Ole time sinting com back again Ohoo!!!
Me nah, nah Ohoo!!!"
Man a carry boat weh truck can come,
Pick it up.
Rope bus ova, an ova before boat reach roadside,
Wen de sound echo more man a run
Com help, an all yu hear a . . .

"One, one, one me ninny man Ohoo!!!
Ole time sinting com back again Ohoo!!!
Me nah, nah Ohoo!!!"

Bwoy dem de days de use to be sweet.

Me memba all Christmas time, we have clappas,
Shebum, starlite, JANKONO,
Dem dress up pretty, some look like Cow,
Some like horse,
Some like Dragon, dem nock drum an,
Dance wid dem choppa and spear,
Some a we use to frighten fe dem, so we
Stay ina house an peep tru winda,
Wo no fraid use to fallah dem fe miles.

Bwoy dem de days use to be sweet.

Man de a Englan, can't even find place fe go,
Most a de time yu have fe ina house like mouse,
Wen it no too cold it a rain,
Back a yard wen rain start fall,
We dis put on some old clothes, and gone
A mango bush or gone ketch janga,
De rain water so warm an nice.

Ova yah man can't mek rain wet dem,
'Cause five minutes later yu start cough,
Yu feel chilly,
Baps, a cold yu ketch.
If yu no mine shart
It tun ina pneumonia.
An nung we ova yah de man dem a
Treaten we wid repatrition,
In fact, if dem coulda carry out de threat
I would count it a blessing,
For me dying fe go home,
But tings so rough me can't find me passage,
So tell dem sa, John Corw want fe go a Lowden,
So dem can blow east wind.

MIGHTY HORROR

Mighty horror
Invaded my dream frightfully chasing
Monstrous colourful eyes
Peering bombarding my vision

I reached for my horn
And sounded the signalling tone
The wind North and South
Transported warrior angels
Words alone were spoken
And the atoms which constructed
The enemy degenerated

Glaring Eyes
Those glaring eyes
Seeing sights unseen
the hidden reveals it's secrets
The blind grasp a portion of paradise lost
the heaven declares
Here I stand to be seen
Insuperable though
Yes, indestructable

Eyes not seen x-rays invisibility
Produces immeasurable insights
Eyes not seen foretold the morrow
Secretly exposing glorious destinations

Eyes not seen?
Yes, these eyes not seen
Mind's eyes, thoughts eyes, my eyes.

MORE SPACE

Every day mi wake
Mi haffe seh
But for Jah-Jah sake
Wah gwaan

De reason and de passion clash
A fight one anedda fe de right
To smash down forces
Dat suppresses me
An impede me progress

Now afta many, many
Frustrated moments
Reason an passion
Join as one an decide
Sweat fe sweat
Blood fe blood
Kind words cant full belly
Promise cant meck bed
Hail de new diplomacy

An dont tell mi
Dat a talk too much
Bout Africa an race

These are ever burnin issues
Yu want fe sweep unda de carpet

Yuh betta yu hav carpet
I dont even hav sleepin space
Jah know dat my race
Need more **S P A C E**

Space fe live an gi wi pickney
Dem lickle comfat
Space fe spread out not fe show off
Like hebby cuttin pon nuttin
But fe show off de talent weh wi got

Giv us more space
Meck wi show wi face pon telly
Meck wi hear wi voice via wireless

Wi want space fe do wi ting
Fe play wi music an sing

Why should one race
Run all ova de place
Occupying all de space

Mansion yaso empty
Palace deso empty
Castle yaso empty
Statley home deso empty

An if yu squat
Dem skin up dem face
De shout wat, get de law
Trow dem squatters out

De only space wi get in de popular media
Is to portray stereo type an degredation

Draw back draw back
Gimi som space
SPACE yes **SPACE**

Dressback man
A want som space
Where a can jump back
Rock an swing mi han

Dem dont giv us any option
Dem seh all who beg not gettin
An who dont beg dont want
An yu cant jus teck
Dem wi call yuh tief
So wi will haffe start capture.

LEGGO DE PEN

Ah wat kina pen dis
Miseh a wat kina pen dis
Ah Iron pen
Miseh a wat kina pen dis
Ah iron pen
Den mi caan com out – NO

Ah wat kina pen dis
Miseh a wat kina pen dis
Ah prison pen
Den a caan com out
No – Not till yuh serve yuh time

Ah wat kina pen dis
Miseh ah wat kina pen dis
Ah play pen
Den mi caan com out
Yes – But mine fire bun yuh

Ah wat kina pen dis
Miseh ah wat kina pen dis
Is a talkin pen
Ah pen weh can talk
Well leggo de pen noh
Leggo de pen meck it tell.

Rip through my repretoir of blues
To some its news
To others is a review of the times
Wen friends and neighbours
Wallow wid me in de mire of blood an fire
An thou I live to tell t'was really hell

Mi ah goh tell bout times wen mi use to have fe wake up
Mi carry wata fe full de barrel, mi goh tie out de goat an
   look wood
Mi haffe wash plate an sweep up yard, Den wen mi look
   pon me sheeddah
Mi se seh mi late fe school, So me start fe run an mi buck
   mi big toe
So mi cuss rass, mi modder hear mi
She get de bus mi cock, an she cut me ass
Dat meck mi even later, so mi run and mi run
An wen mi get to school, Sweatin an cryin
Teacha didn't cain mi, 'cause 'im se dat mi wus tryin
So 'im meck mi stan up front, an 'im tell de class fe sing
A diller, a doller, a ten o'clock scoller
Why did you come so soon
You use to come at ten o'clock
But now you come at noon

Mi Heng dung mi head, An tink to mi self Seh
Rass Bwoy.

Leggo de pen man, Leggo de pen
Meck it tell
Meck it tell how mi feel
How mi haffe weel an deal even steal
Fe meck ends meet
It noh sweet yuh know man
It noh sweet.

Mis-seh mi run
An mi run
An mi slip an mi slide
An mi lan pan mi backside
But mi git up an brush it
An mi run

An mi seh mumma, mumma
Dem ketch puppa
Dem ketch im dung a mango walk
Mumma, mumma dem ketch puppa
Dem ketch im dung a mango walk
Lawd wat a shame
Wahoh wat a disgrace.

Leggo de pen gal
Leggo de pen meck it tell
Meck it tell bout de time
Wen yuh meet dis man
An de man ge yuh belly
An wen yuh tell he
Well he run away
Seh 'im could not stay
'Cause 'im didn't hav a job
So 'im couldn't spare a poun
Fe 'elp fe mine no chile
Wile tings get rougher an tougher
An how yuh suffa.

Gal tell dem bout de nite
Wen labor pain tech yuh
How yuh ball an yuh call
Till yuh fall dung pon de floor
Yuh bak jam pon de door
Yuh feel yuh caan teck any more
Den pain lick yuh in yuh rite side
An yuh twis to de lef
Den pain lash yuh in yuh lef side
Den pain bash yuh in de centre
An yuh push, an yuh push
An woosh, Bouy Baby bawn
Lawd it 'ard, it really 'ard
But gal yuh larn

Leggo de pen dread
Leggo de pen meck it tell
Meck it tell bout de nite
Wen de I jus ah stroll dung de street
Jus ah satta an ah chant
Five babylon grab I
Man ask dem weh dem want
Dem seh dem arresin I an I
Fe disturbin de peace
Ah seh peace, peace
Dere will be no peace pon jah eart
Till I an I is free
Totally free from everyting

Dat babylon stans for
I an I an babylon nevah
Cudda plant gungu a line
But ge dem time, ge dem time
If dem noh stop from treating I so rash
Dem fishpot gwine ketch trash.

WINTER CHANT

Shemoi, mi want one Shemoi
Lend mi yuh Shemoi
Meck mi wipe mi Nose

De cold a bun me
Me nose a run dung mi
A need a Shemoi
Fe wipe mi nose

Grandma, ohoo
Grandpa, Ohoo
Englan cold yah
Mi wan go home

Rain a fall Lord
De watah freeze hard
A caan buy a Shemoi
Fe wipe mi nose

Shemoi, mi waan wan Shemoi
Len mi yuh Shemoi
Meck mi wipe mi nose.

SUFFERERS CHANT

Sinna meck yu plant de pole
Eena mi yawd . . . ad . . . d
Sinna meck yu plant de pole
Eena mi yaad . . . ad . . . d . . . d
For mi no com yah fe com meck badarashan
Mi only com yah fe com read revelation
So sinna meck yu plant de pole
Eena mi yaad

Sinna meck yu com com plant am
Eena mi yaad . . . ad . . . d
Sinna meck yu com com plant am
Eena mi yaad . . . ad . . . d . . . d
For mi no com yah fe com meck badarashan
Mi only com yah fe mi reperashan
So sinna meck yu plant de pole
Eena mi yaad . . . aa . . . d

ROOTS CHANT

Com' dung, Com' dung
Com' dung off a yuh pumps and pride
Dont Yuh hear de voice of yuh brodders a call
Com' dung, Com' dung, com' dung

Com' dung, Com' dung
Get up off a yuh Rass
Or pay de cost wid yuh life
Or unending strife
Com' dung, com' dung, com' dung

Ova Africa East and West
Ova American North and South
Right here in England, Europe and Asia
Down ena Australia
Worldwide a call yuh

Com' dung, Com' dung, com' dung
Off ah yuh pumps and pride
For dont yuh hear de voice
Of yuh brodders a call
Com' dung, Com' dung, com' dung
Com' dung.

DEM CHANTING

We are only visiting here
We are only labouring here
We are only temporarily here
But now we're settlers here

To relate to the state
Is a testing of faith
It's a great, great, fight day and night

Then the pented up bubble burst
First heated emotions spread
Out in the street

People chanting, we want the snatcher
We're going to detach her
We can match her
We can match her

Then the heavy mob move in and said
Break down the door of the oppressor
Tear up those plan man, tear them up
Let them call you the aggressor

Tear up the white paper
Burn up the racist blue
Then they'll feel just a foretaste
Of the anger they created
In trying to disgrace my race

Some of us are
Lawyers, Doctors, Nurses
Some of us are
Teachers, Preachers, Outreachers
Ball players and Musicians
Entertainers and Beauticians
Politicians and Proprietors
Actors and Playrights
Some reaching dizzy heights

Som a wi aan yah
Tho' we no barn yah
But tell dem since dem aan yah
Dem might as well stay

For dem chanting we want the snatcher

Some of us were asked to come here
Some of us were paid to come here
We were only immigrants here
But now we're citizen here

An dem still chanting.

ACCUSED

Britain you stand accused
Because you used your fork-tongue diplomacy
To abuse the trust we gave
Now I bet my Ancestors are weeping in their graves

Britain you stand accused
Because time and time again
You refuse to listen
I don't want to make you happy
I don't want to make you sad
I just want to make you listen

Britain you are up to no good
I don't know how you could
Produce this bird called Tatcha
Since you hatch her
She's been growing and spreading her wings
Flapping them, flapping them
Throwing dust in my face
Trying to blind me

Don't let me catch her
Don't let me catch her

Britain you stand accused
When you take, take all of the cake
From your so-called Commonwealth friends
Now they are running dry
So they ask you for help
You gave them Independence
And send them scrounging
At the mercy of the Big Dog

Britain you stand accused
Because you use all your resources
To propogate the idea
Of Act British or you are not civilised
While you are the one with the patchwork jigsaw culture

Britain when you are not initiating the wrong
You are condoning it

Britain you have been found guilty
On all charges

You are sentenced to devote
All your energies – left
Into righting all those wrongs
Or Else???, You will feel the Pangs.

THE RAIDS

Coro befor dem ketch yu Simo
Coro befor dem com
Yu can hear de boots dem trampling
Yu can hear de guns a click
No linger 'till it too late Simo
Curo, Curo quick

Dem want fe carry yu
go lock yu up an beat yu
Fe somtin weh yu no know bout
Fe somtin weh a one a dem
Same one do

Last time dem come ya
Dem kill yu Pa
Dem kill yu bredda
Dem rape yu Sista
An say wen dem com back
Dem a go burn out lack and stock
Barrel an all
so mi an yu life no meck pepper
Catter foot an go dung a gully
Go hide 'till dem com an gone
Me we try fe keep outa dem way

Me son me se a wole lot a sufferin
So if dem kill me no worry
But me want yu fe live fe se
De day wen de powers dat be
Start fe fight pon fe we side
Wen we a go ketch up fire
Under dem bad people ya backside.

INFORMER

Bowy, yuh mean fe seh
From we a bowy we know
We one a neddah, we goh
A school togedda
We pass through whole a hardship togedda

Yuh know seh me like fe tech a draw
'Cause we use to draw de same spliff
An nung yuh com five thousand an add mile
To Englan, com sen me a prison fe fiva

Mi eena mi bed, mi an me wife
Squad load a police men bus dung mi door
Five a clock in de mauning
Dem noh ask noh question
Dem jus drag we affa de bed
Lift up de mattres
An teck out de one quata ounce

Wen me wife se how de Babylon man
Dem a all an pull mi
She bus out a ball an a call
Leggo im – leggo im, help, help
Dem gone wid Fred, dem ago kill im ning

Me seh dem biff me, dem baff me
Dem all mi, dem pull me
'Till three days time de call call

De Judge said
I was brought here for possessing marijuana
Wat have I to say
I said Urana I cant see wats wrong
In smokin' a herb dats good for my health
Mi Dacta seh it dont giv Canca
An it wi cure mi Asthma

The Judge said thats no excuse
You have abused your rights in this land
So you must pay one thousand pound
Or serve two years in jail

Bowy going to jail wus no childs play
De way dem treat mi een deh
Dem use mi, dem abuse mi
An refuse fe let mi mentain any dignity

An all dat time I wus tinking
Who de hell could have informed on mi
'Cause not even mi wife who wus sleeping
On de bed didn't know where mi keep mi herbs

But mi still couldn't believ seh
Yuh, mi best frend
Woulda sen babylon a mi yard

Bowy wen mi hear seh a yuh
It teck mi a long time fe belive it
Mi feel soh hurt dat mi nearly com
A yuh yard a nite
Com bun dung yu house
Mi feel fe meet yu a street
An lick yu dung wid stone

But mi seh no mi noh have fe do dat
Becaus yuh dig yuh owna grave
An babylon man ago glad fe bury yuh een deh

For once yuh becom an informa
Yuh wi hav fe stay dat way
For de day yuh try fe stop informin
Babylon man wi start performin

Dem same one wi find som reason
To put a forma informa away.

FIRST TASTE

Fifteen minutes to dawn
An young bwoy and gal
Still anice up de lawn

Ten minutes to day break
Youth man still a rock an com een
Fe com nice up de scene

Mi hear one shout out legs, legs
A weh yu deh
Lickle did he know, dat legs knee buckle
Legs curl up eenacorna
Nah hear a ting
Bredda Bunny a sing
Rock and Grove with me
Dont yu know it's dancin time
It was also past Legs goin home time

Legs know seh a im first late session
Im know seh im nevah try sensemena
Im know im cant teck fire watah
Yet im gone, gone try dem

Legs more experience friends invegle im
Seh, Sup watahs an burn yu herbs youth man
Den wen some cris, cris reggae music start drop
Legs leap and bounce and bop, couldn't stop

Dat dreaded combination
Ketch Legs head a fire till
Im reflexes retire

Sunday marnin
Legs cant wake
Fe goh a church

Legs mother seh to im
Bwoy yuh tan out all night

Legs seh n-noo mm
Bwoy yu stan out all night
Legs seh n-noo mmm

Bwoy yuh tink a soh me did barn big noh
A oufa shoes print dat pon de window
Onoo fe yuh?

A 'USTLE WI A 'USTLE

Buy yu Kisko
Ten cent Kisko
Buy yu Coolins
Bwoy weh yu a do out ya
Before yu deh a school

A 'ustle me a 'ustle sah

Buy yu fudge
Buy yu icicle
Fudge an icicle
Twenty cent fudge an icicle
Buy one yu get one
Gal galong 'ome
Yu pickney deh a yawd a ball
Mine yu owna business
'Cause a 'ustle me a 'ustle
Fe feed mi pickney

Everybody a 'ustle

Hi young man doin' business tonite?
Galong 'ome to yu mumma
Yu not even sixteen yet
Get away from me
Mi nah look luxury
Mi nah look even comfat
A 'ustle mi a 'ustle fe servival
Wid a rival on mi rite, a rival on mi lef
De whole a wi a 'ustle

Buy yu jeans, Levi is best
Bu yu beans means Heinz

Fly me British Airways ignore the rest
Go nonstop via air Jamaica
Take laker the price breaker

De whole a dem a 'ustle

Mark yu X's, any eight from ten
Den becom a half millionaire at de weekend
Mark yu Sun bingo
Mark yu Star bingo
Mark yu Mirror bingo
Mark yu Express bingo, win one million

De whole world is filled wid 'ustlers
Big 'ustlers, little 'ustlers, all class an creed 'ustlers

Call it someting else if yu like
Call it what yu may
But I will forever say
A 'ustle is a 'ustler, is a 'ustler.

TELL ME WHY

Can you tell me why
You the people who collectively
Hold the real power in the world
Condone so much wrongs

Can you tell me why
The world are allowing a retired cowboy
To star in the epic of death
Tell me why

Well I will tell you
That it's because you an me an us
Just sit on our Rass, wont rebel
But let the big asses ride all over us

You and I are giving them
More and more and more
While scores of real people
Just sit and dry-up like leaves

Tell me why
So many people are locked up in Jail
Just because they fail to obey some petty law
While the streets are filled with
Criminals chasing criminals
Big racketeers, little racketeers
Running rackets right, left and centre
Filling their pockets with
Bread from the paupers mouth

Can you tell me why
International distatorship is so rampant
While the same people talk about democracy and freedom
Freedom – when you are not even allowed to think free
Because the globe is infested with agents
Sussing out and weeding out
Anyone who doesn't share their views
Spies – Intelligence – Agents of secrets
It's no secret, because I have sussed them out
And you will have to learn to redefine

PEACE – now means all or piece of the action
It's one great race
For those who haven't got
Nuclear weapon to acquire them
And those who have, to gain more
When everyone is fully in the race that's peace

INDEPENDENCE – now means befriend and depend
On no other but me – or else

FREEDOM – now means you are free to obey
No other but me – or else

Can you tell me why
We stand for this
Why we sit for that
How we lie for what
We are going to die for anyway?

CAN YOU?

JUST CHECKING

How much closer are we to
Than priceless prize, dear brethern

I know the enemy has been fierce
The obstacles firm and successes scarce
But we can assess the gains we have made
The prices we have paid

So we can say, thus far we have come
Thus far

Brethern the wars have been brutal
The scars are still store
But let's keep our eyes on the prize
And rise to take it

Have you evaluated the extent of our plight
Dear Brethern

Have we realised that we're gonna have to fight
To bring it all out in the light
And regain our rights

I wish I knew someone who knew
Jesus, Moses, Arbraham, Soloman
Pictures are showing that they were white
And that's not right

Young people I call you
Because you are young
Unite and be strong
Down Tribalism
Life up the banner of one people one struggle

Move on with the work of
Paul Bogle – Marcus Garvey
Kwame Nkruma – Queen-Mothermore
Make sure of a better future

This body must pass through
The process of death

But when I die
Let me die tearing down any place
That prevents the freedom of my race.

DIS IS FREEDOM TIME

Hold up yu han, wave yu flag
Talk yu talk dis is freedom time

No room for complacency
Yu hav no time on yu side
So move wid de tide
Ride on dis is freedom time

Capitalism, Imperialism,
Socialism, Communism
Spiritualism, Materialism
The most important ism should be Humanism
Man teck yu destiny in yu han
It seem like no baddy else care
An dis is freedom time

Murderers are murdering
In the name of the law
A law which seemed
Like is one fe de rich
One fe de poor
One fe de blacks
An one fe de whites

So man teck yu destiny
In yu han fight fe yu right
For dis is freedom time

Freedom time is wen no one
Hav to pick pocket an mug
Becaus dem need

Freedom time is de time wen
The masses withdraw dem labor
Fe show de ruling class seh
Dem nah do we noh favor

Freedom time is de time
Wen we mash dung apartied
An de racialist
An run out de parasites
Outa a Africa

Freedom time is wen we realise
Our true relationship with de creator

Freedom time is wen
The mind is liberated
From the shackles
Of matter and illusions

Freedom time is wen
We're ready to
Take it – Live it.

PEOPLES WAR

I listen an I hear Powa
I look an I see Powa
I touch an I feel Powa
People you are Powa

She rock, she roll, and she stumbles
Moving forward
Peoples war set sail
Neva to fail

Peoples war start dis maunin
Every human ah try dem han
At freein man an man an woman

Peoples war ah spread far an wide
Nobady nah hide anymore
Fe sav dem skin
All join eena peoples war
Dis yah war a soul war
Bouy eena dis yah war
heads ago roll
Fe de million time
De bell wi toll

Peoples war ago meck Govament
Stan bak an tink
Fe se 'ow dem feel dem wus mighty
But people powa mightier

Peoples war com' fe liberate
Proletariat wil becom' great
Now dat wi realize
De size a de task
Wi know wi cant ask
'Cause nobady na go giv' wi freedom
Wi will have fe teck it.

Wen scientist start fling stone
Wi just counter wid lazer
Wen politicians a 'pell an guess
Fe wi stargazers done map out de way

Let de people talk
Let dem write, let dem sing
Meck wi ring out de message
Meck wi fight for Jah-Jah sake
Wi caan afford to be passive

Unite to take de bull by de 'orn
De positive direct approach
All who scorn dis action
Still gwine end up screamin
Fe de 'elp of de matador

Rise up people
Turn de table

An wen yuh tired
An wen yuh stan bak an look
Yuh cudda rite a book
'Bout yuh gains and yuh pains
'Cause peoples war is de war
Weh a go rerite history book.

MECK WI RALLY

Com' meck wi rally
Rally roun' wi one anedda
Get togedda an spread a feelin'
Of one-ness

Dere's been too much
Sadness, loneliness, madness
Wen a race scatta
Wid out any link
Som' tink it no matta
But trough time
Yu gwine fine
Two han' betta dan one man
Two han' beta dan one

Com' meck wi rally
Rally roun' yu family
Rally roun' yu race
Its a disgrace fe se dat
As time get tuffa
A fe wi people a suffa

Com' meck wi rally
Wen nite com'
Fe cut out Rasist attacks
Rally to educate de young ones
So no one can hold dem back

Rally roun' Africa
Blood fe blood dung deh
Mi nah jest
Is time our people get som rest

EENA DEM BAWN LAN

Rally an meck wi raise Rass
Den all de adda class an creed
Wid all dem greed mus heed

Com' meck wi rally bredren
Com' meck wi rally friends
Wen people ah tell yu dat
Because yu black
Yu mus' stan back
Is time to attack
So rally roun'd
Yu son and daughters
Woman and man
Here in Englan' an ova de waters
Grip wid yu two han'
Jam yu feet in de san'
Slap yu back pon de rock
AN FIRE

GLOSSARY

Ann	On
Anneda	Another
Abble Skirt	Tight Skirt
Adder	Other
Affe	Have to
Agen	Again
Agoh	Going
Ah	It is
Aliday	Holiday
Andle	Handle
Ansa	Answer
Aredy	Already
Aroun	Around
Apen	Happen
Appen	Happen
Babylon	Oppressive System
Backa	Behind
Baddah	Brother
Bawn	Born
'Bout	About
Bruck	Break
Butt	Cigarette Ends
Buss	Burst
Bus-mi-cock	Whip made from rubber
Bun	Burn
Calbut	Concrete tunnels under road
Claat	Cloth
Com	Come
Corna	Corner
Covah	Cover
Comfat	Comfort
Cus	Curse
Daag	Dog
Dapa Neri	Evil Spirit
Dan	Than
Dacta	Doctor
Dat	That

Deso	That Place
Dere	There
Dis	This
Dung	Down
Duppy	Ghost
Eart	Earth
Een	In
'Elp	Help
Enoff	Enough
Fe	For
Feedin'	Feeding
Feget	Forget
Fren	Friend
Fire Watah	Alcohol
Gal	Girl
Gi	Give
Gimmie	Give me
Gi yuh belly	Get you pregnant
Gully	Small River
Grung	Small Farm or Ground
Gwine	Going to
Gwaan	Go on
Heng	Hang
Haffe	Have to
Hevy or Hebby	Heavy
Hole	Hole
'Im	Him
Ina	Into
Jakass	Male Donkey
Jah	God
Janga	Shrimp/Prawn
Jus	Just
Kalic	Severe Indigestion
Ketch	Catch
Ketch-a-man	Legendary Strangers who supposedly kidnaps children

Kicksy	Sexy
Kool runnins	Alright
Kus	Curse
Kunku	Foolish
Lawd	Lord
Lebble	Level
Leggo	Let go
Lickle	Little
Lode	Load
Mass	Mister
Mama	Mother
Massa	Master or Owner
Mango walk	Area with lots of Mango trees
Maunin	Morning
Mek/Meck	Make
Memba	Remember
Miseh	I said
Mus	Must
Musi	Must be
Mumma	Mother
Neva	Never
Nega	Negro/Black man
Noh	Don't/Do not
No baddy	No one
Nuff	Plenty
Oferin	Offering
Ole	Old
Ondastan	Understand
Ongle	Only
'Orse	Horse
Outa	Out of
Ova	Over
'Ow	How
Owna	Owner
Peek	Speak
Penshan	Pension
Pic	Pick
Pickney	Child

Pitcha	Picture
Poco	Spiritualist Religion
Poun	Pound
Prucy	Randy
Presha	Pressure
Pon	Upon
Puppa	Father
Qua Qu	One or the other
Quatty	One & a half old pence
Rass	Backside
Rite	Right
Rong	Wrong
Sa	Said
Satta	Relaxing
Saal	Salt
Sankey	Hymn Book
Sen	Send
Sensemena	Marijuana
Shemoi	Shammie
Sheddah	Shadow
Sidung	Sit down
Skylark	Idle
Smaddy	Somebody
Som	Some
Sometin	Something
Sou Soh	Only
Soun	Sound
Spen	Spend
Spell an guess	Contemplate
Strate	Straight
Suck stone	A flat belly fish
Suggeshan	Suggestion
Suffa	Suffer
Teacha	Teacher
Tek/Teck	Take
Ting	Thing
Tink	Think
Trenton	Nickname for Pork
Trang	Strong

Tun	Turn
Venda	Trader
Waan	Warn
Wan	One or A
Wahoh	Lord oh
Wat	What
Watah	Water
Wen	When
Wid	With
Wok	Work
Wudda	Would have
Wus	Was
Wud	Word
Wuklis	Worthless
Yaah	Here
Yaso	This place
Yu	You

AKIRA PRESS POETRY SERIES

J. D. DOUGLAS
Caribbean Man's Blues
ISBN 0 947638 04 0   234 × 156mm   64pp   £3.95

MARTIN GLYNN
De Ratchet A Talk
ISBN 0 947638 05 9   234 × 156mm   64pp   £3.95

ANUM A. IYAPO
Man Of The Living,
Woman Of Life . . .
ISBN 0 947638 06 7   234 × 156mm   64pp   £3.95

DESMOND JOHNSON
Deadly Ending Season
ISBN 0 947638 00 8
ISBN 0 947638 01 6   234 × 156mm   80pp   £5.00/£3.95

EVANGELIST DIXION-LEWIS
Glorious Poems
ISBN 0 947638 10 5   234 × 156mm   64pp   £3.95

STANLEY A. MARTIN
Where I Am Coming From
ISBN 0 947638 09 1   234 × 156mm   64pp   £3.95

MARSHA PRESCOD
Land Of Rope And Tory
ISBN 0 947638 08 3   234 × 156mm   64pp   £3.95

DESMOND RUTHERFORD
Speak Love To Me
ISBN 0 947638 03 2   234 × 156mm   64pp   £3.95

MAUD SULTER
As A Black Woman
ISBN 0 947638 20 2   234 × 156mm   64pp   £3.95

FREDERICK WILLIAMS
Leggo De Pen
ISBN 0 947638 07 5   234 × 156mm   64pp   £3.95

Please write to:
Akira Press, PO Box 409, London E2 7EU
for a complete list of Akira Press Books.